ADRESSE
SUR LE DUEL.

1790.

N. B. Une partie des principes de cette adresse avoit déja été développée plus au long dans un ouvrage du même Auteur, publié au commencement de cette année, & dont la nouvelle édition se vend chez Desenne, Libraire, au Palais Royal, sous ce titre : *Point de Duel, ou Point de Constitution.* On retrouvera même ici quelques expressions & quelques phrases semblables. Il y a des choses qu'on diroit trop mal, si on avoit la prétention puérile de les dire de plusieurs manières.

Ces deux ouvrages seront incessamment suivis d'un discours sur les principes que le Législateur doit suivre pour parvenir à l'abolition des Duels. On y présentera quelques vues nouvelles sur l'ensemble des Loix propres à remplir un objet si desirable.

PROJET D'ADRESSE A L'ASSEMBLÉE NATIONALE SUR LE DUEL,

Par Ph. A. Grouvelle.

Imprimé par ordre de la ſociété des amis de la conſtitution, ſéante à Paris, pour être envoyé à toutes les ſociétés qui lui ſont affiliées.

Falſus honor juvat & mendax infamia terret. Horace.

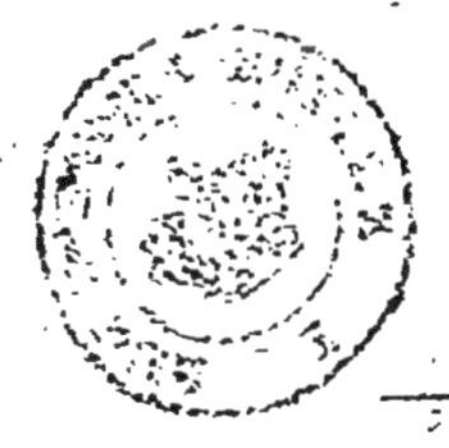

A PARIS,
DE L'IMPRIMERIE NATIONALE.
1790.

PROJET D'ADRESSE
A L'ASSEMBLÉE NATIONALE
SUR LE DUEL,

Par M. L. Gauthier.

Imprimé par ordre de la Société des amis de la Constitution, séante à Paris, pour être envoyé à toutes les Sociétés qui lui sont affiliées.

[illegible] vult & mendax infamia terret, Horace.

A PARIS,
DE L'IMPRIMERIE NATIONALE.
1790.

AVERTISSEMENT.

CE n'eſt pas ſeulement comme contraire à l'humanité, au bon ſens & à l'ordre ſocial, c'eſt ſur-tout comme ennemi de la conſtitution que le Duel eſt ici déféré au Tribunal de la Patrie.

Cet *honneur* ſanguinaire, qui ne reconnoît qu'une ſeule eſpèce de ſatisfaction pour toutes les ſortes d'injures, eſt un reſte des mœurs & des lois du François barbare, qui a pu ſe maintenir chez le François civiliſé, parce qu'il étoit eſclave, & que l'eſclavage eſt une ſorte de barbarie : mais ce preſtige honteux doit s'évanouir dans l'atmoſphère de la liberté ; car la liberté fait regner la loi ; la loi conſerve l'égalité, & l'égalité ſeule ſuffit à régénérer l'opinion.

Mais cette opinion eſt-elle auſſi préparée, auſſi formée qu'on ſe plaît à le croire ? le Duel eſt-il jugé ? tous les eſprits ſont-ils aſſez convaincus de ſa barbarie & de ſes dangers ? Non, ſans doute ; & l'on s'exagère le progrès de la raiſon publique.

On ſe trompe ſur-tout à cette eſpèce d'inſurrection du patriotiſme qui vient de multiplier les pétitions contre le duel. Platon nous repréſente Socrate arrêtant Alcibiade au moment où il entre dans un temple : *Qu'allez-vous demander aux Dieux ?* lui dit-il; & ſur la réponſe de ſon diſciple, le ſage lui démontre qu'il n'avoit point réfléchi aux conſéquences de ſes prières les plus ardentes. Si l'on interrogeoit la plupart de ceux qui vont dans le temple des lois provoquer l'anathême du légiſlateur contre les duels, je crains bien qu'on ne trouvât beaucoup d'Alcibiades.

La plupart ſavent-ils que ce n'eſt pas le duel, mais l'eſtime abſurde qu'on a pour le duel qu'il faut détruire ?

Savent-ils aſſez que la même loi qui défendra au citoyen de ſe faire juſtice à ſoi-même, défendra en même temps à ſes concitoyens de louer, même d'excuſer celui qui fait ou accepte un défi, & en même temps de blâmer ou de méſeſtimer celui qui recevant une injure, n'en demande juſtice qu'au magiſtrat ?

Savent-ils que cette même loi leur défendra de croire qu'il ſoit réellement au pouvoir d'un coquin ou d'un ivrogne de déshonorer, par un mot groſſier ou par un geſte brutal, un homme honnête & ſage, quand même celui-ci mépriſeroit aſſez l'offenſeur, pour ne pas le forcer à la réparation légale?

Elle leur défendra encore de croire que la même invective qu'ils dédaigneroient de venger, ſi elle leur étoit dite par un paſſant groſſier & couvert de haillons, doive être punie de mort, ſi elle ſort de la bouche d'un homme plus riche & mieux habillé.

Enfin ſavent-ils que la loi contre les duels leur ordonnera de renoncer à ce préjugé, qu'il exiſte d'autres offenſes réelles que les offenſes qui ſont vengées & réparées par la juſtice, & un autre *honneur* que la juſte & véritable eſtime due au religieux obſervateur des lois?

Telle eſt pourtant l'étendue de l'engagement que prend tout pétitionnaire contre le duel. Qu'il médite ces maximes ainſi que les axiomes qui terminent cet écrit, & qu'il ſe demande à lui-même, ſi, dans le fond de ſon cœur, il eſt en effet décidé à n'agir, à ne juger déſormais qu'au gré de principes ſi ſévères & d'une loi ſi exigeante.

Ces réflexions à part, je n'aurois encore que trop de preuves de l'immaturité de l'opinion à l'égard du duel. Il ne faut que voir quelques ſociétés & entendre quelques converſations : quels diſcours ! quelle déraiſon opiniâtre !

La plupart de ceux qu'on appele *ariſtocrates*, trop ignorans ou trop légers, n'ont pas bien analyſé par quels ſecrets rapports le duel & le faux point d'honneur ſont la dernière reſſource de la féodalité, &, pour ainſi dire, le dernier baliveau de la forêt d'abus que nous venons d'abattre. Mais je ne ſais quel inſtinct ſuperſtitieux les avertit de contrarier toujours la raiſon & la loi, & de combattre avec fureur l'abolition des duels. Ils trouvent des auxiliaires puiſſans dans l'armée trop nombreuſe des mécontens, des ennemis cachés de la conſtitution. De là ce redoublement de fureur qui, dans ces derniers jours, a tant multiplié les querelles & les combats meurtriers. Supprimer le duel, une telle idée ſoulève tous ces gens. J'ai vu nos jeunes braves crier à l'injuſtice : il y en a mille qui ſe feront tuer, tant qu'on voudra, pourvu qu'on leur laiſſe le plaiſir & *l'honneur* de ſe battre toute leur vie. D'autres, plus pacifiques, ſe contentent de l'eſcrime des paroles : ils déclament à qui mieux mieux ſur les délicateſſes de leur prétendu *honneur*. J'ai entendu rebattre juſqu'à de vieux ſophiſmes ſur la *vengeance perſonnelle*, inventés par les juriſconſultes & les caſuiſtes du ſeizième ſiècle; car les Balde & les Bartole n'ont pas manqué d'élucubrer copieuſement la matière du duel, & les jéſuites complaiſans n'ont pas négligé d'abſoudre le duelliſte par la *direction d'intention*.

D'un autre côté, comme le duel protégeoit tous les vices, les vices reconnoiſſans lui rendent ſa protection avec uſure. Songez à la tourbe des hableurs, des diſſipateurs, des banqueroutiers, des joueurs, des eſcrocs, même des femmes vindicatives ou corrompues : voilà encore pour le duel des apologiſtes & des amis ardens.

Enfin, tandis que l'ariſtocratie & l'immoralité publique ſophiſtiquent bravement en faveur de cet uſage féroce, un grand nombre d'hommes honnêtes & ſenſés ſe taiſent & diſſimulent lâchement la juſte horreur qu'il leur inſpire. En le déteſtant tout bas, ils n'oſent le proſcrire tout haut. Ils craignent de paſſer pour poltrons, s'ils ſe montrent humains & raiſonnables. J'en ai vu d'aſſez puſillanimes pour n'oſer même louer en public un écrit où cette manie étoit puiſſamment combattue. Enfin, par un ſingulier contraſte de l'hypocrisie générale, on voit tel qui hait au fond du cœur le duel, l'excuser ou n'oser l'attaquer devant les faux braves si communs dans le monde; tandis que tel autre, imbu des chimères du faux honneur, affecte, aux yeux des hommes éclairés, cette même philosophie qui condamne le duel, & que ses propres actions démentiront, comme son cœur, au premier prétexte.

Si ce tableau est fidèle, que faut-il penser de l'opinion? est-elle mûre pour la loi, quand les principes de la loi sont par-tout reniés ou dissimulés, ou même entièrement ignorés. Car, s'il faut ici découvrir toute ma pensée, les hommes les plus ardens à solliciter cette réforme légale & morale, me semblent presque tous n'avoir vu que de profil cette grande question. Je le juge par les divers projets de loi qu'on présente de toutes parts. Ils ne sont presque tous que des moyens foibles, partiels & isolés. Il ne suffit pas de considérer la tige, il faut voir la racine & les branches. Ce n'est pas, à mon sens, une simple loi, c'est presque une législation complete qu'il s'agit de produire.

Une circonstance accroît encore en ce moment

l'influence du point d'honneur, & la fureur des duels, c'eſt l'inſtitution des gardes nationales : la jeuneſſe de nos villes a trop endoſſé l'eſprit avec l'habit militaire. Croit-on qu'elle s'accoutume ſitôt à ne tirer qu'au nom de la loi cette épée qu'elle porte & qu'elle manie encore avec cette audace pétulante que donne le premier ſentiment de la liberté armée.

Auſſi les nombreuſes pétitions contre les duels ne ſont-elles dues qu'aux alarmes qu'on a pu concevoir pour la vie des défenſeurs du peuple, menacée par une ligue de champions anti-populaires. Mais ce n'eſt point le ſentiment, c'eſt la raiſon qui détruit les préjugés. Le ſentiment peut faire un bon citoyen, mais non un peuple ſage ; car il n'agit guère que pour l'inſtant & pour les perſonnes : la raiſon ſeule opère pour les ſiècles & pour les ſociétés. Enfin, ſi le ſentiment fait les belles actions, la raiſon ſeule fait les bonnes lois.

En un mot, la nation, le peuple entier, la pluralité des François a ſans doute un intérêt puiſſant à priver déſormais d'eſtime & d'honneur le duel & les duelliſtes. Mais la notoriété de cet intérêt public n'eſt rien moins qu'univerſelle. Si donc vous ne voulez pas porter une loi prématurée, une loi qui reçoive chaque jour de l'opinion un funeſte démenti, & tombe bientôt dans une impuiſſante déſuétude, il faut qu'une rapide & immenſe diffuſion des lumières, rende tout-à-coup les François dignes de cette loi. Mais comme ce préjugé eſt celui des claſſes accoutumées à lire & à penſer, le miracle s'achèvera ſans peine; ſur-tout, ſi une diſcuſſion ſolemnelle, ouverte au même inſtant dans tous les coins de l'Empire, appelle & fait rayonner ſur tous les principes une ſalutaire évidence. C'eſt le but qu'on s'eſt propoſé en offrant ce projet d'adreſſe à la ſociété des amis de la conſtitution. Elle rappellera aux citoyens que c'eſt à eux qu'il appartient de faciliter l'œuvre du légiſlateur, & qu'un peuple qui demande une loi, promet un ſacrifice, celui de ſes préjugés. Car la nature a voulu que la liberté fût achetée comme tous les biens. La terre n'accorde ſes richeſſes qu'au travail: la conſtitution ne livrera ſes fruits qu'à la raiſon qui ſait ſe corriger & au patriotiſme qui ſaura s'immoler.

PROJET D'ADRESSE
A L'ASSEMBLÉE NATIONALE, SUR LE DUEL.

L'ASSEMBLÉE nationale n'a pas brisé toutes les chaînes. L'Aristocratie, détrônée par la constitution, règne encore dans les habitudes. Ces castes oppressives, enfin désarmées, avoient transmis à la nation même leurs préjugés. Comme un joug indestructible, ils pèsent invisiblement sur nous, & l'on peut dire que la tyrannie survit aux tyrans.

Législateurs de la France, remplissez votre mission la plus sublime, en fondant la liberté jusques dans les cœurs. Ainsi que la volonté générale, la raison publique est représentée par vous : jamais plus sainte occasion ne s'offrira d'exercer ce pouvoir de la suprême censure. Une coutume atroce, des opinions follement inhumaines démentent aujourd'hui le caractère françois, puisqu'enfin le François a pris un caractère. Il attend votre signal pour se délivrer de ces erreurs. Délibérez ; la lumière va luire. Décrétez ; les vertus vont éclore.

Oui, c'est trop long-temps entendre le récit de ces scènes cruelles, où des citoyens prodiguent leur vie sans raison, presque sans passion, & sur-tout sans fruit pour la patrie. Si l'époque immortelle, l'Ère fortunée des sociétés humaines est enfin arrivée, si nous ne sommes plus des Welches légers & barbares, pourquoi, à l'instant où le nouvel ordre social commence à fleurir, voyons-nous l'anarchie sauvage & anti-civique des duels renouveler ses plus scandaleux excès? Lorsque l'intérêt de la grande famille demande l'exclusif dévouement de toutes les ames & de toutes les forces, d'où vient que chaque jour nous montre le sang de frères impunément répandu, & des têtes utiles compromises dans des rixes frivoles & pour l'absurde cause du point d'honneur ? Il est temps que les François commencent à pratiquer les vérités qu'ils professent, & deviennent les hommes nouveaux des nouvelles institutions. Il est temps de dénoncer à la conscience des gens de bien, en même temps qu'à la justice du législateur, le danger public & le délit constitutionnel des combats singuliers.

Sans doute il falloit que cette résurrection politique vînt changer tous les devoirs du citoyen, pour que nous-mêmes vinssions invoquer la loi contre les duels. Lorsque, sous le dernier règne, un philosophe attaquoit avec tant d'éloquence cette fatale manie, les ames fières & libres lui crioient : Arrêtez, laissez-nous cet abus salutaire, ce vice des mœurs qui corrige les vices des lois.

En effet, tant que la dignité de l'homme fut méconnue, tant que l'égalité n'exista point, & qu'on ne vit en France que des hommes tout à-la-fois inférieurs & supérieurs, il étoit bon que la crainte d'une épée contînt, sous une lâche politesse, les jalousies mutuelles & l'insolence hiérarchique de tous ces privilégiés tour à tour superbes & rampans.

Là où paroissoient effacés tous vestiges de liberté publique & privée, la vengeance personnelle, ce reste d'indépendance sauvage, empêchoit l'entier avilissement du génie national.

Là enfin où la justice étoit absente, il falloit que nous pussions nous la faire quelquefois & réprimer nous-mêmes des offenseurs puissans ou protégés : car par-tout où un outrage ne trouve point de réparation légale, l'offensé rentre dans l'état de nature.

L'égalité, la liberté, la justice manquoient; le Duel en étoit l'utile supplément. Ces biens nous sont rendus : périsse leur honteux simulacre !

Elle est donc nouvelle aujourd'hui cette horrible question tant de fois débattue ! D'aujourd'hui seulement le duel ne sauroit trouver grace devant nous.

Ah ! s'il eût pu voir le peuple françois rétabli dans ses droits, celui qui révéla à tous les peuples le secret de leur souveraineté usurpée, c'est à lui qu'il appartiendroit de renverser, au nom du patriotisme, le préjugé qu'il combattit sans succès au nom de l'humanité. Il commanderoit aux citoyens les sentimens civiques, comme il commandoit aux mères les vertus maternelles. Du moins au défaut de son génie, il nous a légué ses principes, armes impérissables devant lesquelles tombent d'elles-mêmes toutes les erreurs.

La philosophie distingue plusieurs époques dans l'histoire du duel.

L'homme sauvage vengeoit son offense par une irruption soudaine & préméditée contre son ennemi. Pour empêcher les maux & les guerres qui suivoient ses vengeances, & mettre plus d'égalité dans les combats, on convint qu'ils seroient toujours précédés par un appel. Ainsi un sentiment de justice & de générosité établit dans son origine le duel, comme un remède contre les assassinats.

Bientôt les prêtres, nos premiers législateurs, (car la théocratie est l'imbécille enfance de presque toutes les sociétés) habiles à ramener sous leur pouvoir toutes les actions de la vie humaine, surchargèrent la loi du combat de formalités & de cérémonies religieuses, & mirent le combat ou l'épreuve du fer au rang de toutes ces épreuves bisarres, qui, sous le nom de *jugement de Dieu*, composoient leur superstitieuse & barbare jurisprudence. Ainsi commencèrent à s'instruire, à se plaider & à se juger toutes les causes; ainsi fut institué le DUEL JUDICIAIRE.

C'est alors que la souveraineté nationale se brisa, pour ainsi dire, en cent mille éclats, & ses fragmens dispersés tombèrent au hasard dans les mains de cent mille despotes féodaux. Mais chacun, dans le rang où le plaçoit l'ordre graduel du systême seigneurial, s'arrogeant le droit souverain de la guerre, le combat devint la jurisprudence unique, & s'étendit à tous les incidens d'un procès, de manière que le juge & les témoins, comme les parties, furent sujets à l'appel & au combat. Ainsi se résolvoient alors toutes les questions; ainsi, comme la plus noble & la seule justice, comme l'attribut & bientôt le privilège exclusif du gentilhomme, s'établit LE DUEL FÉODAL.

Mais lorsqu'ensuite l'autorité royale eut fait rentrer tous les François sous la puissance des lois civiles enfin épurées & perfectionnées, la race *gentilhommière*, ennemie naturelle de la justice commune, forcée de soumettre aux tribunaux le jugement de ses querelles d'intérêt, s'obstina encore, dans ses démêlés personnels, à ne reconnoître que le jugement de l'épée. Comme une ruine chère à leur orgueil, les nobles conservèrent par l'usage & malgré la loi, une barbarie jadis moins révoltante, puisque du moins elle étoit légale. Ainsi se pratiqua, jusqu'à nos jours, ce qu'il faut appeler le DUEL ARISTOCRATIQUE, monument de la féodalité dégénérée, l'abus de l'abus même.

Nos guerres civiles, & depuis la prééminence de l'état militaire, l'esprit des corps, l'usage de porter une épée pour parure, le désoeuvrement & la vanité, naturels aux sujets d'un despote, l'ascendant excessif des femmes sur nos sociétés, tous les vices du gouvernement, voilà les canaux non moins impurs que leur source, par lesquels l'usage du duel pénétra &

s'étendit jusqu'à nous à travers deux siècles de lumières.

Mais comment ce *faux honneur*, le préjugé de quelques familles, devint-il un préjugé national ? Comment nous étions-nous accoutumés à n'attacher au duel que des idées nobles & favorables, au lieu des idées affreuses qu'il présente naturellement à des cœurs libres & humains ? Oh ! prestige de la servitude ! Oh ! perversion de la raison publique ! La plupart des vices du peuple, ainsi que tous ses maux, étoient comme des infirmités aristocratiques ; imiter les maîtres, c'est l'ambition des esclaves.

Les castes féodales avoient le droit exclusif de porter certaines armes. Le duelliste étoit donc depuis longtemps honoré, ne fut-ce qu'en qualité d'homme d'épée. Bien plus ; de ce que ces gens se battoient seuls avec ces mêmes armes, ils en conclurent qu'ils étoient seuls braves ; que l'*honneur* par excellence résidoit en eux seuls ; qu'il y avoit pour eux des injures particulières ; & qu'ils avoient seuls droit à une satisfaction privilégiée, dont les réparations bannales de la justice ne pouvoient tenir lieu. Et nous, peuple crédule ! nous apprîmes à respecter ces chimères injurieuses pour nous ; nous pensions nous élever jusqu'à eux en répétant leurs discours, en adoptant leurs rites sanguinaires ! Et tel fut long-temps le pouvoir de ces honteuses illusions que tout à l'heure encore la nation entière sembloit les avouer, lorsqu'ils s'arrogeoient, pour

pour ainsi dire, le monopole des armes, de la bravoure, de l'honneur & du duel même.

L'ignorance, la superstition, l'anarchie, l'avilissement du peuple, des vices politiques, des lois méprisées & des moeurs méprisables ! Voilà donc l'origine & les soutiens d'une telle coutume & d'un tel préjugé !

Avoir ainsi développé, pour ainsi dire, leur généalogie aristocratique & féodale, c'est avoir déja réuni contre eux tous les cœurs françois. Poursuivons. La Nature, la Raison & la Loi vont prononcer leur proscription unanime.

Et d'abord loin de nous ces hommes industrieux à pallier tous les vices ! Par quelles subtilités justifieroient-ils le Duel ? Que pourroient-ils dire ? Que le duel entretient l'esprit militaire !.... Quoi de plus propre au contraire à le détruire qu'une fureur qui anéantit toute subordination ? Que le duel nous rend polis !..... Les Grecs étoient donc des hommes grossiers ? Qu'il nous rend braves !..... Les Romains étoient donc des lâches ? Et cependant ces peuples célèbres n'ont point connu l'honneur féroce du spadassinage !

Disputeroit-on à la loi même le droit de punir le duel, prétendant « que tout homme possède & conserve le droit de disposer de sa vie ; qu'il peut donc aussi la risquer, la jouer contre la vie d'un autre ? » Mais, quand il seroit vrai que l'homme social, que le citoyen eût le droit moral de se tuer, qu'y-a-t-il de commun entre un duellifte & un fuicide? Le duellifte veut il donc la mort? non, il veut la donner à un autre, & c'eft cette volonté que la loi punit & doit punir. Le fuicide, au moment qu'il s'immole, a renoncé aux droits, aux avantages, & par conféquent aux devoirs de l'affociation : il eft devenu étranger. Le duellifte, au contraire, refte fous la protection, & par conféquent fous l'empire de la loi.

Jouer fa vie! le duel, un jeu! eh bien! s'il eft ainfi, la loi doit encore le profcrire, comme elle profcrit tous les jeux inégaux; & celui-ci ne l'eft-il pas toujours? La force, l'adreffe, l'ardeur du fang, le tempérament feul peut rendre un combat inégal. Un adverfaire plus adroit, plus vigoureux, plus calme que vous, a beau vous avertir de vous mettre en défenfe, il n'en eft pas moins, s'il vous tue, une forte d'affaffin. Le duel un jeu! mais le mérite des hommes, le prix & l'utilité de leur vie, font-ce des chofes égales? Toutes les fois que le fcélérat égorge l'homme vertueux, que l'infenfé tue l'homme de génie, n'eft-ce pas la fociété entière qui fait à ce jeu fanglant la perte la plus ruineufe.

Ah! c'eft ainfi qu'elle en doit juger : la loi, fon ouvrage, ne voit, dans le duellifte, qu'un meurtrier volontaire. Et, en effet, qui oferoit ranger le duel au rang des homicides qu'excufe un funefte hafard? Le duellifte eft-il même excufé par l'emportement d'une violente paffion? lui qui, au contraire, prépare à loisir, & ajourne froidement sa vengeance! Non, les sages Américains, les précurseurs de la liberté européenne, ont prononcé son arrêt. Leurs lois ont nommé un tel meurtre *l'assassinat en duel*, & l'ont frappé d'une peine plus atroce que celle des autres assassinats.

Laissons ces vains sophismes. La Nature crie à tous les hommes : le pire des maux est la mort; le plus grand des crimes est le meurtre. En vain sourira dédaigneusement le faux brave : le courage est de dire ces choses, & la lâcheté de les nier.

La Raison nous dit encore : celui qui, parce qu'il se croit insulté, veut se faire égorger; celui qui, voulant se venger, va périr sans vengeance; celui qui, ayant fait injure à quelqu'un, le tue pour lui faire satisfaction; celui qui croit répondre au reproche d'être un fripon, en montrant qu'il est brave; celui enfin qui, si on le calomnie en disant qu'il a tué un homme, court en massacrer un autre, pour prouver que cela est faux : tous ces hommes, extravagans ou furieux, ne méritent que l'horreur ou le mépris des gens de bien.

Enfin, voici ce que dit aussi la Loi, la loi première des sociétés : le droit de vengeance personnelle, & le droit de se faire justice à soi-même, appartiennent à l'homme naturel; c'est pour cela qu'ils sont interdits à l'homme civilisé. François, vous n'aviez point de loi; vous n'aviez point de société, car le despotisme est la dissolution sociale : il laisse à tous le droit de la violence ſur lequel il eſt fondé lui-même. Mais la ſociété françoiſe eſt maintenant fondée ſur la volonté générale. La loi eſt ſouveraine, la loi eſt légitime. Chaque citoyen eſt lié tout entier, ame & corps, à la grande cité. Tous appartiennent à tous : malheur au François qui venge lui-même ſon injure ! Il ſe met à la place de la loi, vengereſſe commune & impartiale ; il uſurpe la ſouveraineté ; il arbore la tyrannie.

Mais il eſt un intérêt plus puiſſant ; il eſt une voix irréſiſtible qui s'élève en ce moment, c'eſt celle de la Conſtitution. Légiſlateurs ſuprêmes, défendez votre ouvrage.

Aucun de nos préjugés antiques n'eſt plus incompatible avec nos lois préſentes. Le duel eſt un uſage féodal, & la Conſtitution s'élève ſur les ruines de la Féodalité. La conſtitution ne laiſſe de force qu'aux lois. Le faux honneur ne connoît de loi que la force.

Le duel eſt contraire à la Sureté publique, puiſqu'il met la vie des citoyens à la merci des caprices ſcélérats d'un habile eſcrimeur.

Le faux honneur bleſſe la Liberté individuelle, puiſqu'il force à ſe battre, l'homme juſte qui, ſans redouter la mort, peut abhorrer le crime, ou celui qui, privé, par la nature, du courage de tempérament, pourroit mériter l'eſtime par des qualités moins communes & plus utiles.

Enfin le duel attaque l'Égalité des droits. Un délit qui n'eſt point général, un délit qui eſt propre aux classes les plus opulentes, mettra le législateur dans la nécessité de porter des lois qui ne seront point applicables à tous, des lois particulières. Ainsi renaîtra au milieu de nous une sorte de privilége, d'exception juridique & d'inégalité légale.

Et cependant la Constitution nous promet Sureté, Liberté, Égalité ! & cependant nous adorons la constitution ! Quel est donc cet inexplicable délire des hommes ! Ils voudroient amalgamer des êtres hétérogènes & réfractaires, jouir de la tyrannie individuelle au milieu de la liberté générale ; ils voudroient, avec des lois pures, conserver leurs habitudes les plus dépravées !

Encore, si l'on pouvoit espérer que les Mœurs publiques dussent bientôt amener la destruction de cet abus déplorable ! Mais cet abus, lui-même, détruit tout espoir de régénération dans les mœurs. Eh ! comment naîtroit-elle, cette Moralité sévère des citoyens, tant que le faux honneur, comme un affreux tyran, veille, le fer en main, pour imposer silence à l'opinion générale elle-même ; tant que la menace d'une provocation atroce resserre les sentimens individuels sur les hommes & sur les choses ; tant que le duel met à la liberté de la parole les mêmes entraves qu'une police odieuse mettoit naguères à la liberté de la presse ? Quel homme sage n'a pas craint souvent de laisser échapper la censure, ou du moins de la prononcer avec l'énergie qui la rend efficace ? Trop heureux donc les hommes pervers que nous aidons ainsi à étouffer leur opprobre ! Mais plaignons l'homme vertueux que ceux-ci priveront de sa gloire ! Plaignons sur-tout la patrie, condamnée à une éternelle disette de vertus & de mœurs. Car les mœurs & les vertus ne se reproduisent que par la véridique & libre distribution de l'éloge & du blâme, c'est-à-dire, par l'infaillible puissance de l'opinion.

Que si l'opinion, ainsi captive, ainsi tyrannisée, ne rend plus que des témoignages suborneurs; quel guide alors dirigera les suffrages & les choix du Peuple ? A quel titre reconnoîtra-t-il l'homme digne de sa confiance ? Rempli comme vous des superstitions de l'honneur féodal, de l'honneur duelliste, de l'honneur assassin, quel sera pour le peuple l'administrateur, le magistrat, le représentant incorruptible ? Ce sera donc ce gladiateur, ce rebelle, ce parjure déja souillé de meurtres, & toujours prêt à laver les taches de sa vie, du sang de son dénonciateur ? Conséquence absurde, mais digne de son principe ! Tant l'estime exagérée d'une telle bravoure, est contraire aux vrais intérêts du citoyen ! Tant les pratiques immorales du faux honneur, pourroient vicier la constitution jusques dans ses racines !

Mais quoi ! que parlons-nous ici de moralité, de raison, de constitution, de tout ce qui perfectionne les sociétés humaines ? Il faudroit plutôt demander s'il y a une Société, là où triomphe le faux honneur :

non, tant que la loi protectrice qui défend la vengeance personnelle sera violée, aucune autre loi ne jouira de sa pleine & tutélaire puissance; car le duelliste ne viole pas seulement cette loi : il renie, il insulte la justice commune, il témoigne qu'il la méprise; & comme cet usage est celui des classes éclairées, il n'en est point qui plus rapidement énerve les autorités légitimes & contrarie leur action salutaire, en les heurtant, en les bravant sans cesse, en les dégradant même aux yeux du peuple entier.

Hélas ! tous les sages, sous quelque ciel qu'ils méditent pour le bonheur des peuples, se félicitoient en voyant s'affermir parmi nous cette égalité sacrée des droits, source de tous les biens. « La paix & la liberté, » disoient-ils, auront donc un même asile. Il existe » enfin une contrée où les citoyens, divisés quelque- » fois pour leurs intérêts privés, auront du moins » des intérêts communs autour desquels on les verra » se rallier incessamment, où l'impartialité constante » des lois égalisant tous les individus, relève tous les » courages, & tempère ainsi l'orgueil, l'envie, & » toutes les passions haineuses. Là, aucun homme » n'aura jamais à se plaindre que de sa destinée, & à » rougir que de ses vices. Là, comme on le voit dans » un corps heureusement organisé, chaque membre » du corps social sentira le mal fait à ses moindres » parties. Ainsi une salutaire correspondance de solli- » citude, de protection, de surveillance réciproque,

rendra plus utiles & plus chers les uns aux autres tous
» les enfans de la patrie. Ainsi fleurira cette bienveil-
» lance générale & mutuelle des citoyens qu'unissent
» les liens patriotiques, cette Fraternité sociale, tou-
» chant prélude de l'affection universelle dont la chaîne
» doit un jour embrasser toute la race consanguine des
» habitans de la terre ».

Ah! l'ami des humains a trop présumé des François. Que la Fraternité sociale est loin encore d'une nation chez qui la politesse des manières n'est que le masque de la férocité des cœurs, chez qui le plus noble effort de l'esprit humain, le pardon des injures, est réputé infame, tandis que l'orgueil brutal y recueille une indigne admiration; d'une nation qui honore le meurtre, comme d'autres peuples ont récompensé le larcin & sanctifié la prostitution! Au lieu du spectacle consolant d'une douce harmonie, le sage qui viendra parmi nous, y verra les citoyens s'observer, se mesurer sans cesse avec les inquiétudes de la vanité; épier, soupçonner, deviner par-tout l'injure; punir de mort un seul mot, & obtenir par des assassinats une honteuse dispense de toutes les vertus. Il y verra un ami forcé par le préjugé d'aller, les larmes aux yeux, poignarder l'ami qu'il venoit d'embrasser. Il verra une mère désespérée, pleurant son dernier fils égorgé par la même épée que ses frères, sans avoir pu les venger. Il verra des villes entières dépeuplées de leur plus brillante jeunesse, comme un jardin dépouillé de ses fleurs, comme si l'année avoit perdu son printemps ! Enfin il verra au sein de la paix toutes les sanglantes horreurs de la guerre intestine.

Quoi donc ! la Fraternité sociale, l'humanité même n'est-elle qu'un vain nom ? *Qu'as-tu fait de ton frère ?* crioit la voix céleste au premier homme qui versa le sang d'un homme. *Suis-je donc le gardien de mon frère ?* répondit le meurtrier. Hommes durs & vains, esclaves pusillanimes du point d'honneur, telle pouvoit être aussi votre réponse, quand, loin de former une seule famille, les François n'étoient pas même des êtres d'une espèce semblable. Mais maintenant que la constitution vous a donné des frères, vous êtes leur gardien comme ils sont les vôtres, & leur sang rejaillira sur vous.

Qu'il cesse donc & disparoisse à jamais ce vertige inhumain ! Législateurs suprêmes, vous êtes comptables des maux & des crimes publics. C'est vous que le sang des victimes, que les pleurs de leurs familles, que les regrets de la patrie accuseront désormais. Tous les bras sont armés ; tous les citoyens sont soldats : les excès du duel vont de jour en jour s'accroître & se multiplier. La fureur des partis peut à chaque moment changer en batailles civiles les combats singuliers. Déja une ligue de mécontens, ivres de vengeance, aiguisent le fer, croyant sans doute, les insensés ! tuer la liberté, le peuple même, en égorgeant leurs défenseurs. Il ne faut qu'un instant, & ce peuple égaré va produire quelque funeste explosion ; en punissant le mal qu'il vous appartenoit de prévenir. Oui, les ravages du duel vous demandent une loi, & en même temps le préjugé déja ébranlé vous promet de fléchir devant elle. Entrez au fond des cœurs, vous y verrez le duelliste se reprocher secrétement sa démence, sa cruauté, sa lâcheté même, & cette fausse honte qui le rend si timide contre l'erreur publique, si hardi contre sa conscience, sa raison & sa loi. Entrez au fond des cœurs : vous verrez que le duel n'y est plus chéri, & défendu que par les plus viles passions. Ordonnez donc, avec confiance, les réparations légales, & proscrivez les réparations meurtrières. Sauvez ainsi la constitution & la vertu. Qu'enfin le premier d'entre nous, assez courageux pour refuser un duel, au nom de vos décrets, paroisse avoir craint les lois, & non pas avoir eu peur des hommes.

En le rendant, ce décret nécessaire, vous ne ferez point du duel un délit particulier. Vous n'imiterez point ces édits odieux de Louis XIV, qui ne statuant que sur l'honneur d'une seule classe d'hommes, sembloient l'ôter à la nation entière. Vous ne confondrez point le duelliste meurtrier avec le simple infracteur de la loi, & vous n'essaierez pas de réprimer, par la crainte de la mort, des hommes qui ne se rendent coupables que pour paroître ne pas redouter la mort.

Pour nous, en vous appelant au secours de la constitution même, menacée par ses irréconciliables ennemis, le duel & le faux point d'honneur, nous avons pensé que les principes qui serviront de fondement à votre décret, devoient être sanctionnés d'avance dans toutes les ames, afin que l'opinion cessât d'encourager le crime, en même temps que la loi cesseroit de le tolérer. Voici donc les maximes que nous reconnoissons solemnellement, comme véritables & sacramentelles, comme les seules maximes qui conviennent aux nouveaux François.

Première maxime.

Il n'appartient qu'à la puissance publique de forcer un citoyen à la réparation d'une offense privée. Le défi qu'un citoyen, même offensé, fait à un autre, est donc comme une déclaration de guerre faite à tout le corps social, & doit être réprimé, comme la première hostilité d'un ennemi.

Seconde maxime.

Une action funeste à la société ne sauroit être honorable. C'est déshonorer l'honneur, de prostituer ce nom à la vengeance personnelle.

Troisième maxime.

Le vrai courage n'est que le mépris d'un danger nécessaire. La bonne opinion qu'on prodigue à la bravoure du spadassin, est aussi contraire au bien public qu'au bon sens, puisqu'elle rebute & rend plus rares les autres vertus sociales. On ne doit donc ni applaudir celui qui se bat, ni mépriser celui qui ne se bat point.

Quatrième maxime.

Une indulgente générosité pardonne l'injure; une magnanimité éclairée la dédaigne. On a donc droit de blâmer celui qui mérite l'injure, mais non celui qui la supporte.

Cinquième maxime.

C'est un devoir & un droit du législateur de déterminer la nature & la gravité des offenses. Celui donc qui s'offense trop facilement, prenant pour injure ce qui n'en est point une pour les autres, ou ce que la loi n'a point jugé tel, celui-là n'est point l'homme d'*honneur*, mais plutôt un homme vain & colère, qu'il ne faut point récompenser par l'estime. Car l'estime est une portion du trésor public, qui ne doit être dépensée & répartie qu'aux actions conformes à l'utilité commune.

Sixième maxime.

Ainsi donc un usage & un préjugé qui tarit & corrompt toutes les sources de l'opinion publique, ne peuvent être chers qu'aux hommes vicieux qu'ils favorisent, ou aux ennemis de la constitution, parce qu'ils la privent de sa plus grande force, la responsabilité morale de chaque citoyen.

Enfin, le DUEL eſt maintenant pour tout François un attentat contre la Conſtitution & une violation du ſerment civique & fédératif.

S'IL EST quelque François qui renie ces axiomes ſacrés, qu'il paroiſſe armé de ſon glaive fratricide; qu'il vienne ici rétracter ſes ſermens; qu'il ſe reconnoiſſe indigne de la liberté, & déchire devant nous les pages immortelles de la déclaration des droits de l'homme & du citoyen.

www.ingramcontent.com/pod-product-compliance
Ingram Content Group UK Ltd.
Pitfield, Milton Keynes, MK11 3LW, UK
UKHW021033260726
13994UKWH00005B/2112